Inhalt

Enhanced E-Books - Die Bücher der Zukunft bieten ein multimediales Spektakel

Kernthesen

Beitrag

Fallbeispiele

Weiterführende Literatur

Impressum

Enhanced E-Books - Die Bücher der Zukunft bieten ein multimediales Spektakel

Harald Reil

Kernthesen

- Die moderne Technik hat sich auch des Buches bemächtigt und wandelt das seit Jahrhunderten mehr oder weniger unveränderte Medium zu einem Hybridwesen um.
- Noch machen sogenannte enhanced E-Books dem traditionellen Buch keine Konkurrenz, die Branche erhofft sich von ihnen allerdings eine neue Lust am Lesen

und wittert bereits das große Geschäft.
- Vor allem der von einem multimedialen Angebot verwöhnte Nachwuchs soll sich von enhanced E-Books zum Schmökern animieren lassen.
- Enhanced E-Books könnten das Bildungswesen revolutionieren und den Markt für Fach- und Lehrbücher gewaltig umkrempeln.
- Auch Apple hat diesen Markt für sich entdeckt und will mithilfe einer App den Markt für Lehrbücher neu definieren.

Beitrag

Wann ist ein Buch ein Buch? ...

... ist man in Anlehnung an eine Songzeile von Herbert Grönemeyer angesichts der neuesten Entwicklungen auf dem E-Book-Markt versucht zu fragen. Die moderne Informationstechnologie beschert dem seit Gutenberg nahezu unveränderten Medium - einer variierenden Anzahl bedruckter Seiten, die mit mehr oder minder sinnvollen Zeilen gefüllt sind - zurzeit einen Quantensprung an Neuerungen, der die Definition, was ein Buch tatsächlich ist, ungleich schwieriger macht als noch vor einigen Jahren. Denn mittlerweile sind Bücher die reinsten Hybridwesen, die neben dem klassischen Text auch interaktive Elemente wie Computerspiele, Videos oder Audiospuren enthalten. Endlich, so scheint es, ist die Zauberwelt des Harry Potter, in der sich Zeitungsleser an den bewegten Bildern und den klar vernehmbaren Statements der Protagonisten einiger Artikel ergötzen können, auch in der Alltagsrealität angekommen. Fachleute erhoffen sich von dieser hochmodernen Entwicklung eine neue Lust am Lesen, Unternehmen wittern das große Geschäft - auch wenn es eine Handvoll Probleme zu lösen gibt, die der Massenverbreitung von E-Books noch immer im Wege steht. (1), (2), (5)

Ungelöste Fragen

Dazu gehören zum Beispiel der mangelnde Schutz der Rechte von E-Book-Autoren im Internet, neue Herausforderungen, die sich Marketing und Vertrieb stellen müssen, sowie die unterschiedliche Behandlung von Printbüchern und ihren elektronischen Pendants in der Frage der Besteuerung. Für E-Books müssen Kunden die volle Mehrwertsteuer von 19 Prozent berappen, für gedruckte Bücher hat der Staat bekanntlich einen reduzierten Satz von nur sieben Prozent festgelegt. Trotz dieser Probleme ist Alexis Skipis, der

Hauptgeschäftsführer des Börsenvereins des deutschen Buchhandels überzeugt davon, dass sich der Siegeszug des E-Books nicht aufhalten lässt. Betrug der Anteil an verkauften elektronischen Büchern am Komplettumsatz des Buchhandels im vergangenen Jahr nur zwei Prozent, erwartet die Branche für das Jahr 2015 bereits eine Steigerung auf 17 Prozent. (2), (9)

Zugpferd der Zukunft

Geht es nach den Verlagen, sollen vor allem die enhanced (= erweitert) E-Books und Wonderbooks - eine enhanced E-Book-Variante, die über eine Play-Station-3-Konsole Leser mit Augmented-Reality-Elementen verzaubern will - das Zugpferd der Zukunft sein und besonders den von einem multimedialen Angebot verwöhnten Nachwuchs, der traditionelle Bücher vielleicht zu langweilig findet, für die Welt der Literatur begeistern. Diese vage Hoffnung wird von einer Studie, die die Stiftung Lesen veröffentlicht hat, zumindest im Ansatz untermauert. Lesefaule Kinder lassen sich in der Tat schon von einfachen E-Books viel eher in den Bann schlagen als von gedruckten Büchern, allerdings nur dann, wenn die Inhalte wirklich interessant sind und die Technik bedienerfreundlich ist. Eine zusätzliche Einschränkung: Der Lesenachwuchs war zwar schnell von den E-Books eingenommen, ließ dafür aber die nötige Ausdauer vermissen, was die Versuchsleiterin Simone Ehmig zu der Schlussfolgerung veranlasste, dass der neue Typ Buch Kinder zwar an das Lesen heranführen kann, diese aber nicht notwendigerweise in begeisterte Vielleser verwandelt. Immerhin: Die Schüler luden sich auch solche Texte auf ihre E-Reader, die ihnen in der Printversion zu umfangreich waren und die sie daher tendenziell eher links ließen. Enhanced E-Books, so Ehmigs erweitertes Fazit, werden leseferne Kinder vielleicht noch mehr zum Schmökern animieren als elektronische Bücher ohne Zusatzfunktionen. Für die Studie hat die Stiftung Lesen fünf Schulklassen der sechsten Jahrgangsstufe zirka hundert Titel überlassen, die die Schüler als E-Books, gedruckt oder in beiden Versionen nutzen durften. (2), (4), (5)

Bildungsmarkt riesengroßes Potenzial

Enhanced E-Books könnten auch das Bildungswesen revolutionieren und den Markt für Fach- und Lehrbücher gewaltig umkrempeln. Durch multimediale und interaktive Elemente lässt sich der Lernstoff wesentlich abwechslungsreicher gestalten als mit einem herkömmlichen Lehrbuch. Vorstellbar sind zum Beispiel erweiterte elektronische Bücher für

Schulfächer oder Studiengänge, in denen neben Textpassagen auch Videosequenzen oder Tondokumente zum besseren Verständnis der Thematik beitragen. Geschichtsbücher, die berühmte Reden historischer Persönlichkeiten im Originallaut vorspielen, oder Fachwerke der Medizin, die schwierige Operationen im bewegten Bild festhalten, erreichen vielleicht audiovisuell veranlagte Studierende besser, als es traditionelle Lehrbücher vermöchten. Das Potenzial für enhanced E-Books auf dem Bildungsmarkt ist jedenfalls riesengroß und hat zum Beispiel auch schon Konzerne wie Apple und Bertelsmann auf den Plan gerufen, die sich dieses Geschäft nicht entgehen lassen wollen. (3), (10)

Trends

Leben Totgesagte länger?

Die modernen technologischen Errungenschaften wandeln das Medium Buch, das die Jahrhunderte mehr oder weniger unverändert überdauert hat, grundsätzlich um. Diese Neuerungen sind so interessant und bieten einen so großen Mehrwert, dass sich E-Books und die neue Generation der enhanced E-Books und Wonderbooks zweifellos auf breiter Linie durchsetzen wird. In den USA hat der

Umsatz, den E-Books erzielt haben, im ersten Halbjahr 2012 verglichen mit demselben Vorjahreshalbjahr um 34,4 Prozent zugelegt, bei Kinderbüchern betrug die Steigerungsrate angeblich gar 251 Prozent. Man muss kein Prophet sein, um vorherzusagen, dass sich diese Prozentsätze weiter steigern werden. Deutschland hinkt dieser Entwicklung zwar noch hinterher, aber auch hier werden sich E-Books, enhanced E-Books und Wonderbooks sicherlich mit der Zeit immer mehr etablieren. Die Frage ist, was mit dem traditionellen Buch passiert. Ob sein Ende nahe ist, steht in den Sternen. Totgesagt wurde es zwar schon öfter, bisher allerdings hat es eine erstaunliche Resilienz bewiesen. (1), (2), (5), (6)

Fallbeispiele

Apple will den Markt für Lehrbücher aufmischen

Apple hat eine App kreiert, mit deren Hilfe User in der Lage sind, interaktive Lehrbücher ganz leicht selbst zu produzieren. Das Unternehmen bietet das kleine Helferlein namens iBooks Author, das die Einbindung von Videos, interaktiven Grafiken, Quizfragen und

Notizfunktionen in den Lauftext erlaubt, kostenlos im Mac App Store an. Voraussetzung zur Nutzung der App sind allerdings Apple-Rechner, deren Verkauf das Unternehmen mit dieser Idee weiter ankurbeln will. Die fertigen Bücher gibt es dann im iBookstore zu kaufen. Der Konzern hat die führenden Kinder- und Schulbuchverlage der USA in das Projekt mit eingebunden und hofft, dass auch diese Kooperation Gewinn abwirft. Wie das Lernen der Zukunft aussehen könnte, hat Apple mit iTunes U (U = University) bereits demonstriert. Die Plattform stellt Lehrmaterial von Universitäten aus aller Welt gratis zur Verfügung. Interessenten können dort unter anderem Vorlesungen bekannter Professoren in Bild und Ton verfolgen. (3)

Wissenmedia mit enhanced E-Books aus den Bereichen Wissen, Bildung und Lernen

Der Wissenmedia Verlag, eine Bertelsmann-Tochter, brachte Ende 2012 diverse E-Books aus den Bereichen Wissen, Bildung und Lernen auf den Markt, darunter beispielsweise auch den Brockhaus und das Bertelsmann Lexikon. Einige davon wurden im enhanced E-Book-Format herausgeben, d.h. die E-Books wurden mit Links versehen, die zu speziellen

Inhalten wie Videos, Audio-Beiträgen oder auf ergänzende Artikel verweisen. (10)

E-Book-Vergnügen auf neuem Level

Die in Hamburg ansässige Firma Frankbooks hat eine iPad-App veröffentlicht, die das E-Book-Lesevergnügen auf einen neuen Level transportieren soll. Sie ermöglicht es dem Bücherfreund, über ein integriertes Facebook-Plugin mit anderen Lesern sowie dem Autor Kontakt aufzunehmen und auf diese Weise sogar den Verlauf der Geschichte zu beeinflussen. Vonseiten des Verfassers aus betrachtet, kann dieses interaktive Leservergnügen ganz neue Erzählwelten eröffnen und die Art, wie ein Buch geschrieben wird, revolutionieren. Neben diesen besonderen interaktiven Elementen zeichnet sich die erste Frankbooks-Publikation, die den Titel "Taschengeld" trägt, natürlich auch durch alle jene Elemente aus, die schon von anderen Enhanced E-Books bekannt sind. Dazu gehören Landkarten, Fotos und Videos. Frankbooks erhofft sich von seinem Geschäftsmodell, Autoren an sich zu binden, die sich an ähnlichen Enhanced-E-Book-Projekten wie dem "Taschengeld"-Roman beteiligen möchten, jedoch die hohen Programmierungskosten scheuen. (7)

Amazon wittert Goldgrube

Mit der neuen Kindle-App in der Version 3.0.1 für iOS können Leser auch enhanced E-Books genießen. Amazon hat für diesen Zweck eigens ein neues Format kreiert und es auf den Namen KF8 getauft. Das Angebot richtet sich vorerst allerdings hauptsächlich an Kunden, die des Englischen mächtig sind. Doch wer die Sprache beherrscht, kann sich zum Beispiel auf die Originalstimme von J.R.R. Tolkien freuen, der in der enhanced Edition von "The Hobbit" Gedichte und Lieder seiner Fantasiegestalten vorträgt. Es liegt auf der Hand, dass sich Amazon mit dieser Initiative bereits auf den neuen Markt eingestellt hat. Das ist ein deutliches Zeichen dafür, dass das amerikanische E-Commerce-Versandhaus mit Sitz in Seattle eine Goldgrube wittert, die sich in Zukunft mit großem Gewinn ausschlachten lässt. (8)

Wonderbook grenzt an Zauberei

Sony hat auf der Frankfurter Buchmesse im vergangenen Jahr sein Wonderbook "Buch der Zaubersprüche" präsentiert. In dem Werk, das an die Abenteuer von Harry Potter angelehnt ist, sind Digitalcodes abgedruckt, die mithilfe einer Kamera auf einem Bildschirm zum Leben erwachen. Das multimediale Spektakel, das mithilfe der sogenannten Augmented-Reality-Technik (= erweiterte Realität) kreiert wird, soll die jungen Leser verzaubern und schlachtet die Harry-Potter-Saga in einer weiteren Dimension aus. (1)

Weiterführende Literatur

(1) Frankfurter Buchmesse: Vom Buch zum Film zum Game - und wieder zurück
aus Deutscher Drucker Nr. 33 vom 02.11.2012 Seite 10

(2) (Zusammenfassung 11:45 Uhr) Wachsender Markt für E-Books - Börsenverein fordert ermäßigte Mehrwertsteuer für digitale Bücher - E-Books sind Leseanreiz für Kinder (neu: Stiftung Lesen) — Von Tatjana Schäfer —
aus dapd nachrichtenagentur vom 01.01.2013, 11.45 Uhr

(3) Apple will Markt für Lehrbücher revolutionieren
aus Zeit online vom 19.01.2012, Nr. 4

(4) E-Book macht Schülern Lust aufs Lesen
aus Rhein-Zeitung vom 09.10.2012, Seite 23

(5) Picasso auf Tapete
aus DIE ZEIT, 14.06.2012 Nr. 25 Seite 032

(6) Raus aus den Buchstaben!
aus NLZ Neue Luzerner Zeitung vom 13.10.2012 Seite

11lzhp

(7) "Social Reading" Raised to a New Level by Interactive e-Book With Integrated Facebook Connection
aus NLZ Neue Luzerner Zeitung vom 13.10.2012 Seite 11lzhp

(8) Multimedia-Bücher in Kindle-App
aus c't - Magazin für Computertechnik, 09/2012, S. 22

(9) Die Regeln der neuen Welt
aus Horizont 02 vom 12.01.2012 Seite 021

(10) Besser lernen mit E-Books
aus "it&t-business" Nr. 09/2012 vom 03.09.2012 Seite: 28

Impressum

Enhanced E-Books - Die Bücher der Zukunft bieten ein multimediales Spektakel

Bibliografische Information der deutschen Nationalbibliothek

Die Deutsche Nationalbibliothek verzeichnet diese Publikation in der deutschen Nationalbibliografie; detaillierte bibliografische Daten sind im Internet über http://dnb.d-nb.de abrufbar.

ISBN: 978-3-7379-0396-7

© 2015 GBI-Genios Deutsche Wirtschaftsdatenbank GmbH, Freischützstraße 96, 81927 München, www.genios.de

Alle Rechte vorbehalten. Dieses Werk ist einschließlich aller seiner Teile – z.B. Texte, Tabellen und Grafiken - urheberrechtlich geschützt. Jede Verwertung außerhalb der Grenzen des Urheberrechtsgesetzes bedarf der vorherigen Zustimmung des Verlags. Dies gilt insbesondere auch für auszugsweise Nachdrucke, fotomechanische

Vervielfältigungen (Fotokopie/Mikroskopie), Übersetzungen, Auswertungen durch Datenbanken oder ähnliche Einrichtungen und die Einspeicherung und Verarbeitung in elektronischen Systemen.